들꽃과 구름

들꽃과 구름

별의 노래 풀꽃의 시 · 백양문학회 제3사화집

초판 인쇄 | 2006년 10월 15일
초판 발행 | 2006년 10월 20일

지은이 | 김문중 외
펴낸이 | 신현운
펴는곳 | 연인M&B
디자인 | 이희정
기 획 | 여인화
등 록 | 2000년 3월 7일 제2-3037호
주 소 | 143-874 서울특별시 광진구 자양동 680-25호 (2층)
전 화 | (02)455-3987, 3437-5975 팩스 | (02)3437-5975
홈주소 | www.연인mnb.com / www.yeoninmb.co.kr
이메일 | yeonin7@chol.com

값 8,000원

저자와의 협의에 의하여 인지는 생략합니다.

ISBN 89-89154-64-2 03810

들꽃과 구름

별의 노래 풀꽃의 시 · 백양문학회 제3사화집

김문중 우재정 안초운 황순남 한선향 고경자 이하정 오문옥 이용미 김영자
고은희 신현운 함운옥 정선영 임공빈 고인숙 박상경 이유정 이희선

연인 M&B

| 서문 |

여기 수목원을 새로 일구고 가꾸기 시작한 지 몇 년이 되었다. 여기 이 수목원은 어느 곳에서도 볼 수 있는 그런 수목원이 아니다. 오직 이 나라 이곳에만 있고 또 볼 수 있는 귀하고 아름다운 수목원이다. 여기에는 주인이 없고 대표 원사가 있을 뿐이다.

그 자리를 맡아 일하는 원사는 김문중 원사이다. 이 동산에 있는 나무들의 이름을 몇 가지 적어 본다.

박달나무, 고로쇠나무, 가죽나무, 물푸레나무, 가래나무, 소나무, 이깔나무, 피나무, 벚나무, 느릅나무, 회나무, 전나무, 은행나무, 산목련나무, 산벚나무……

여기에 나무들의 이름은 시동인들의 성격과 시풍의 다른 점을 비교하기 위해 열거해 본 것이다. 이 동인회는 실로 다양한 시인들로 구성되었다.

라이너마리아 릴케가 중병으로 스위스 산중 별실에 있을 때 그 소문을 듣고 프랑스의 시인 뽈 발레리가 그 먼 곳을 찾아가 위로의 밤을 구름으로 새웠다는 이야기는 하늘도 부러워하는 정이다. 이 백양시 동인들의 시정이 거기에 이르리라 생각한다.

이 동인회 회원들은 꼭같은 위치에 놓여 있는 시인들은 아니다. 이미 높은 명성의 시인들도 있지만 시의 지구를 찾아 이제 나서는 시의 초입자들도 있다는 것을 말해 둔다.

바라기는 이 동인회가 크게 그리고 빛나게 발전하기를 바라는 마음뿐이다.

세월이 많이 흘러간 뒤에도 이 백양시 동인회가 저녁 하늘에 구름 같이 광채 있기를 바랄 뿐이다.

백양문학 동인들의 진심에 기인한 일이지만 특히 감사한 것은 정송학 광진구청장님과 구의3동 김지호 동장님의 보살핌이 없었으면 불가능한 일이다. 그리고 구의3동 주민자치위원님들에게도 감사를 드린다.

2006년 9월

수목원(樹木園) 원사(園使)

황금찬

차례

김 문 중

충남 서산 출생. 문학시대로 등단.
한국시낭가협회 회장, 광진문화원 부원장.
한국문학진흥재단 이사, 민주평통자문위원.
국제펜클럽 한국본부, 한국시인협회, 한국문인협회 회원.
백양문학회, 시대시, 서울시단 동인.
시집 [우리 모두 별이 되고 싶은], [시의 왕국] 등.
공저 [별의 노래 풀꽃의 시], [시가 힘을 얻을 때] 외 다수.

자연의 신기루

일출과 일몰의 공존
자연의 신기루
아무도 탐할 수 없는
호수에 몸 담그고
새벽 하늘
별들이 내려와 앉아 있다

천년의 원시림 하늘 받치고
아침 햇살은
흰 자작나무 표피에 부딪치며
섬광처럼 번쩍인다

풀 향기 짙은 6월 하늘가
구름은 쉬어가고
자연의 변화에 순응하며 사는
유목민의 말발굽 소리
사랑을 가지고 가네

시인들은
저문 해를 보듬어 노을 그리며
산 닮아가기를 소원한다.

추억의 황덕불

별빛은 밤이 깊을수록 짙어지고
태양은 호수에 비춰 더욱 찬란하다

아침 물안개 꿈 속을 거닐며
한 시대를 풍미했던
걸출한 징기스칸의 자취
살얼음 풀린 강기슭에
솔바람 흰 구름 햇살 속삭이며
호수에 하늘 담긴다

한여름밤의 파티
문학의 흔적을 찾는 여정
우리만이 느낄 수 있는 감성 여행
백양의 고운 노을이
주변의 정글을 옅은 음영으로 드리운다

시대의 어둠을 가르는 밝은 달과
잊혀지지 않는 추억의 황덕불에
세상은 꿈꾸는 자의 몫이라며
상상의 나래를 펴고
우리는 진정한 새로운 땅
향기 묻힌 홉스골에 날개를 달고
너의 이름을 불러본다.

삶의 의지

산맥 부딪힌 비구름
하늘이 무너져 내린 천둥소리에
물 폭탄은 손쓸 틈도 주지 않는다

물에 잠긴 마을, 산사태, 도로 두절
쏟아져 내리는 돌무더기, 흙 폭탄 맞은 버스
찢겨나간 도로, 거센 물결 이기지 못한
계곡의 고즈넉한 모습은
흔적 없이 사라졌다

밭은 채소 대신 모래가 차지하고
앞마당 집은 쓰레기 호수로 바뀌었다
주인은 모래밭에 고개를 떨어뜨린 채
살아갈 희망을 잃었다

시신만이라도 찾았으면 하고
헤매는 가족 '나만 살아 뭣하나'
가슴이 찢어지는 어머니의 모정

야속하게 비는 멈추지 않는다
언제 끝날지 기약 없는 비
위험을 무릅쓰고

토사가 가득한 무너진 집과
마을을 되찾으려 구슬땀으로
삶의 의지를 찾는 사람들의 모습에
가슴이 한 번 더 무거워진다.

부자의 추억

한낮의 태양이
자연의 신비에 젖어
하늘을 마신다

수평선에 타오르는 저 불덩이
외로운 광선이 되어
먼 바다 그리움 찾아
한 걸음 다가서면

울렁이는 파도 깊은 바다에
온몸 담그고
건지지 못한 추억 더듬으며
월척을 기다리는
수줍은 부자의 낚싯줄
조용히 해풍에 말리며
파란 마음을 마신다

거대한 몸짓으로
가슴 풀어 부서지듯
파도는 안길 듯 달려오지만
목마른 영혼 그리움의 웅집
더 이상 가까이 할 수 없는
사랑의 허구 가녀린 눈빛 하나
가지에 걸려 있다.

꽃의 미소

삶의 집착에서 벗어날 때
보여주는 아름다운 달
꽃의 미덕은
생을 초월한 순종이다

낮에 본 그 달님
수줍은 미소는
고요 속에 잠이 든 잔잔한
수면 위를 걸어가고

파도에 시달린 섬은
외롭고 고독이 두려워 운다
의연하게 서 있는 낙조
그리운 가슴 열고
구름 얘기 들어 본다

우리의 삶이, 마음이
영원히 변하지 않는다면
자연은 우리에게 아무것도
요구하지 않고 주기만 하겠다고……

슬픔을 아는 꽃의 미소는
평안과 위로를 준다.

하늘에 담긴 테를지

별이 무너져 내리고 있다
하늘의 모습 또한 변화무쌍하다

넓은 초원 위에 펼쳐진
작은 들꽃 '아네모네'
너의 향긋한 자태에 취해
오늘은 가벼이 산 위를 노닌다

열린 옷깃 스며드는
소슬바람 막는 일에
산 닮아가기를 소원하며
정다운 목소리 시인들은
하늘빛 넘쳐 생기가 돈는다

누가
이 아름다운
테를지 밤을 함부로 흔드는가?

달밭에, 별밭에
내 전신은 바람이 되어
어여쁜 새벽달 안고
하늘에 담긴다.

통일의 길로 가자

해마다 우리의 가슴에는
쉽게 뽑히지 않는 슬픔의 뿌리
하나 자라고 있습니다

이 땅에
아픈 만큼 녹슨 휴전선
깊은 잠은 언제나 깨어날까요
서로 닮은 모습에도 허물 수 없는 선을 긋고
갈라져 살아온 지 어언 60여 년
기다림과 그리움에 지쳐 버린 겨레입니다

저 녹슨 철조망 그 산길엔
해마다 변함없이 산나리 꽃 피고
별은 뜨고 지며 계절의 바꿈에도 변함없는데
양단된 국토는 왜 이렇게도 어렵단 말입니까?

이제 우리는 하나 되어야 하리
겨레여 죄의 탑은 허물어 버리고
희망과 믿음과 사랑 그리고
마침내 하나 되기 위한 괴로움과 갈등
어둔 밤의 혼돈을 잘 지켜야 하리
분단된 조국을 구출하고
본래 하나였던 땅으로 돌아가야 하리

눈을 뜨라!
그리고 통일의 깃발 아래 모든 것을 버려라.

우 재 정

호 운산(雲山). 부산 출생. 문학공간으로 등단.

한국문인협회, 하남문인협회 회원, 한국공간시인협회 이사.

시낭송가, 시낭송지도자, 초등논술 교사.

공간마당, 운현문학 동인.

시집 [그리움의 여백], [하늘바라기] 등.

공저 [아름다운 약속], [시가 힘을 얻을 때] 외 다수.

봄비

동행을 청한다
수막새 앞에 걸음을 멈추게 하고
총총히 비가 가고 있다

덕수궁 돌담 추녀를 돌아
외발끼리 골라 딛는 걸음은
고루하지는 못하다

젖은 가지들이 팔을 뻗어
차단기를 내리듯 막아 보지만
멈추지 않는다

아무래도 다 지나간 후에나
나서야 할 것 같은데
어찌 그걸 알아차렸는지
바람도 옆길로 돌아선다

가는 비 따라가지 못한
마음 하나가
비 아닌 것에 젖고 있다.

그리움

한지에 곱게 써내려간 불씨
활활 세상을 태우는
그 사람 앞에 서 있다

푸른 그날이 보일 듯
갈대 흔들어 깨우는 강안 저쪽으로

잠깐 부끄러움도 잊은 채
취한 듯
나는 불러 고함치고
너는 돌아선다

두물머리 한가운데
마음도 구름도
뜨겁게 일어나는 바람이어라

바람으로 풀무질한 가슴
얼마를 더 지피우면
태워 버릴 수 있을까

길다운 길의 험난함과 만나는
나와 나의 동행

온길 갈길 죄다 잊어 버리고
훨훨 타는 꽃길
그리움 동행 삼아 걸어 본다.

서로 인사는 나누어야지

하늘빛
촉 틔우는 춤사위
바람소리
새소리
배움이라는 우주를 가슴에 품고
산정기를 향한
싱그러움의 긴 터널

햇덩어리로 활활 타오르는
시의 요람

향기에 취한
침묵의 언어

미로 같은 거미줄
절벽에 부딪쳐 피멍으로 물들 때
저만치서 봄볕이 동행하고

마음은
마음 꿈은 캔버스(canvas)
초록으로 넘실대는 깃발.

슬프다

육신으로 타고 오는
낯선 소리 '나 너무 슬프다'
그에게는 사랑을 찾을 수가 없었다

한 송이 꽃을 피우듯
따뜻한 핏기가 없었다

어떤 이념이 그토록
그의 가슴을 아프게 하였을까

멀어진 세월
지상의 그리움들을 줍지만
와르르 무너져 내리는
준비되지 않은 이념의 소리

혼자이기를 거부하는 고통
이승의 소리
그는 슬프다.

아버지

이제는 옛날

무지개 너머
무지개보다 고운 꿈을
심어주신 아버지

아버지의 꿈을 좇아 날려 보낸
새 한 마리

비 오는 날이면
젖은 날개 접고
추억을 쪼운다

비는 내리고
내려서 가슴 적시는

젖은 채로 돌아가 보는
무아의 한때

새삼
아버지가 그립다.

우편함

내게 온 편지는 없다

마음에 그려진
숨결만
동해안 파도로 밀려와 이랑을 이룬다

먼 거리를 여행하며 보내온
그 사람이 가슴으로 띄우는
송신의 파장일까

가슴에 자장(磁場)하며 감기는
감전의 전류.

작은 그리움

들을
바다처럼 품고
늘 깨어 있는 등불을
등대처럼 밝히고 사는
언덕 위의 집

언덕 위에 집엔
어머니의 꿈과
딸의 미소가
불씨와 꽃씨로 함께
파도타기를 한다

어머니의 사랑을 띄우는 쪽배와
딸이 젓는 삿대로 건너는
언덕 저쪽의 지평

어머니가 사는
언덕 위의 집에는
들이 있고
바다처럼 출렁이는
바다가 있다.

안 초 운

행복

연결고리

별

천사의 날개

그리움

그네

테를지의 초원

충남 홍성 출생. 문학시대로 등단.

시낭송가, 시낭송지도자.

한국문인협회, 한국시낭송가합창단 회원.

시대시, 서울시단, 해동문학 동인.

시집 [파도를 가슴에 담아] 등.

공저 [오늘처럼 비가 내리면], [별과 고기 그리고 고향] 외 다수.

행복

오늘도 무사히
아무런 걱정이 없을 땐
당연하다고 여기지요

기본적인 것으로
그렇게 놓고
또 다른 고민거리를 찾지요

살아가는 동안
일상의 즐거움이
행복이라는 것을 아무도 모르지요

나에게 주어진 그 모든 것
당연한 것으로 여겨져
행복을 앞에 놓고도 느끼지 못하며
또 다른 그 무엇인가 찾으러
길을 나서지요

몸 한 부분이 망가지고
그때서야 건강한 것만으로도
얼마나 행복하였나를 알게 되지요

오늘
시간 시간들이
즐거움이며 행복이라는 것을……

연결고리

세상의 인연
눈감으면 그만인 것을
집착의 고리
풀기 싫어 몸부림치고

안타까운 마음의
연결고리를 놓지 못하고

눈감으면
애석함도 그리움도
모두가 끝나는 것을.

별

화음의 멜로디
사랑의 노래

한여름
밤하늘
눈이 부시도록 쏟아지는 별

들꽃이 주는
싱그러운 향기

풀벌레도 은근슬쩍
파티에 동참하며
너와나
환희의 웃음꽃

정겨운 눈길
자연과 하나로 호흡하며
꿈의 동산을 만든다.

천사의 날개

그녀는
하늘나라가 그리울까!
날개를 잃어 버리고

지상에서
삼 남매 부여안고
바쁘게 헤쳐 나가는
힘겨운 삶

벗어나고 싶은
그 수많은 시간들을
백의에 천사로 아픈 사람
어루만져 주는 아름다운 사랑

그 앞에 서면
내 모습이 부끄러워
자꾸만 작아진다

천사의 날개 벗어 던지고
앞이 보이지 않는
불구덩이 뛰어들어
그의 방패가 되어주며
언제나 해맑은 미소
뿌려주네.

그리움

바람이 불어
가슴 속에 있는 그리움
밀어 보냈으면 좋겠다

왠지 두려워
오그라드는 마음
보이는 것도 싫고

불씨 하나
잠재우고
편안히 그 길을 걷고 싶다

꿈틀거리는 그리움
오늘도
그가
나의 하루를 잡는다.

그네

천사같이 아름다운 목소리
세상사 걱정 다 쓸어가고

저마다 맑은 웃음꽃
피어오르는 꿈의 낙원

진달래의 아픈 사연도
사랑으로 다시 찾아오며

무릉도원에서
흘러가는 시간이 아쉬워
사랑의 그네
저 높은 곳을 향하여.

테를지의 초원
—몽골

끝없이 펼쳐진 초원
저만치
산 그림자 비치고

숨소리조차
들릴 듯
보이는 것은 초원뿐

밤 10시
아직도 해는
서산에 걸쳐 있고

풀 향기 그윽한 초원
아네모네가 반기고
그 길을 눈길 마주하며
끝없이 걷고 있다.

황 순 남

홉스골의 시인과 호수

고향

기다림

홉스골의 헌화가

사랑하는가 봅니다

보고 싶다

눈이 내리네요

호 경천(耕天). 강원도 양양 출생.

한국문인협회, 한국시낭송가협회, 서울시단 회원.

시낭송가, 시낭송지도자. 백양문학회 사무국장.

시집 [나도 저 창 밖에] 등.

공저 [시가 힘을 얻을 때], [별과 고기 그리고 고향] 외 다수.

홉스골의 시인과 호수

중앙아시아 가장 깊은 호수
홉스골
수심 262m
수정처럼 맑은 마음이 둘러앉았다
물빛이 곱다

시인과 호수
아름답다 한들 그 말을 누군가 하지 않는다면
소용없을……
시인은 말한다.
'아름답다' 맑아서 좋다는 말을……

청정의 오만이 아니라
햇살 한 줌 뿌려지면
더욱 좋은 한 시간
15리쯤 걸어
원주민이 살고 있는 곳을 찾았다

곱게 내려앉은 햇살 너머로
한 줌 눈[雪] 뿌려진 지금은 6월
산길로 접어들며 불러보는
〈산길〉 노래도
고개를 넘는다

89세 시인 앞에 숙연해진다
와락 솟구친 감회의 눈물을 삼켜내니
다정한 한 가족의 사랑이
멀리에 보인다

'산길은 꿈을 꾸었네
진종일 혼자서 꿈을 꾸었네'

황금찬 시인의 〈산길〉이란 시의 한 구절이다
나도 진종일 꿈을 꾸며 걸었다.

고향

저녁 무렵
마을 화가의 그림이 완성되어질쯤
하루의 시름을 업고 돌아오시던
아버지

뉘엿 지는 해거름 저편엔
내 어린 날의 추억이
초승달처럼
동구 밖 느티나무에 걸려 흐느낀다

마음은 그저
가을밤 쓸쓸한 바람이 되고
물장구치며 노닐던 친구들이
꿈 속을 다녀간 날은 하루 종일 행복하다

향수병(鄕愁病)
잠시 기억할 수 있는 행복한 넋두리
흰 구름 편에 그리움의
편지를 보냈습니다.

기다림

잎 떨—군 나뭇가지에
기다림의 미소가
잎보다 먼저 피었다

봄이 되면
어깨를 맞대고 잠들던
첫사랑이 꽃으로 핀다

비가 내렸다
이런 날 약속하지 않아도
그를 만날 수 있겠다

거기 가 보자
나를 기다림 하는 거기
산수유 그 그늘로……

홉스골의 헌화가

들꽃 핀 너른 언덕에 기다림이 웃고 있다
홀로 불러 보는 노래
눈 날리우던 6월의 홉스골
새소리 고향 같아
머물고 있는 그 마음 날개 달았네

말 태우던 유목민의 다정한 미소에
알지 못한 언어 몇 마디
가던 발걸음 멈추고
보라색 야르고이 꽃을 따다 전해 주던
이국의 사나이

잠시 전설의 날개를 달고
나도 수로부인이 되었음이야

나는 탐내지 않았네. 천길 낭떠러지 아닌 곳에 피어 있는 연보라 야르고이 꽃은 수로(水路)가 바닷가 천 길이나 되는 절벽위에 피어 있는 철쭉꽃을 탐내던 그 꽃도 아니요. 꽃이 험한 바위 위에 있어 아무도 선뜻 나설 사람이 없던 것과는 달리 인적 없는 곳일 뿐이다. 소를 몰고 지나던 노인이 아니라 말을 타는 몽골리언. 부인의 말을 듣고 기꺼이 올라 꽃을 꺾어다 바침이 아니라 내게 베푼 순박한 정이었네

내게 준 원주민의 헌화가가 홉스골 호수처럼 청정을 오래도록 맑게 노래 되길 바라라니 나 또한 그에게 고운 시로써 화답하네.

사랑하는가 봅니다

내 사랑하는 사람에게는
피곤한 시간조차 찾아오지 않았으면 좋겠습니다
그 사람에게는
여름 가로수를 달리듯 시원했으면 좋겠습니다
아침에 만난 청보라색 나팔꽃 같았으면 좋겠습니다

밤바다이거나 호수를 거닐 때라든가
영화가 보고 싶을 때
그런 날 그 생각 끝으로
당신의 피곤을 미리 염려하지 않은 채
'가고 싶다' 는 말을 서슴없이 할 수 있었으면 좋겠습니다

강둑에 앉아
해 지는 노을을 함께 마시며
떼 지어 날고 있는 잠자리를 좇아
꿈 속으로 날아가 봅니다
당신을 사랑하는가 봅니다

당신에게 쏟아져 내리는 피곤에도
이토록 가슴 아파 오는데
나 정말 당신을 사랑하는가 봅니다

내리는 여름비가 내 눈물 같아
그대가 몹시 보고파집니다.

보고 싶다

볼 수 없는 네가
자꾸만 보고 싶다
빈 하늘 바람도 얄궂다
흔들리는 가지 위에
저 새도 나처럼 쓸쓸한 걸까

늦가을
그 가을 끝자락이
내 마음을 흉내내고 있다
고요로움에 소나타가 되어줄
네가 보고 싶다.

눈이 내리네요

눈이 내리네요
이른 아침 혹여 그대 만날까
함께 걷던 그 길을 걸었지요

내리는 눈과 마주친 제 눈에도
하얗게 내리네요

그대에게 가려던 마음 위에
눈이 내렸어요
차라리 당신이 눈이었으면 좋겠어요
내 안에 내릴지도 모르잖아요.

한 선 향

염불 소리

풍각 장날

거울 앞에서

해변의 누드사진

가을 숲에 들어서다

개도 비옷을 입는다

목련 橙

본명 한정자. 충남 금산 출생.

수도여자사범대학(현 세종대학교) 국문과 졸업. 심상으로 등단.

사림시, 작가콜로퀴엄 회원.

싸리울 동인지 [모닥불(블랙커피로 죽이고 싶다)] 등.

염불소리

어머니에게로 가는 길은 숲이다
불안한 눈알들 이리저리 굴리고 있는
솔방울들 자꾸 내 뒤를 쫓아온다
끈적끈적한 바람이 스멀스멀 목덜미 간질이고
발끝에 채이는 울퉁불퉁한 길들이
동맥처럼 뻗어 있다
드문드문 집 짓고 사는 저쪽 마을의 풍경은
문패는 있되 주민등록증이 없는,
이미 삶은 건너고 죽음에서도 돌아온
안락한 둥지들이다
머리 위로 푸드덕 날으는 새 한 마리 까악까악
한낮을 졸던 산사의 범종이 깜짝 놀라 뎅그렁 뎅그렁
하늘 멀리까지 몸 내맡기며 울다가
산처럼 든든한 침묵에 든다
나는 그 침묵을 밟으며 산을 내려온다
어떤 격발의 힘이 등을 떠민다
오늘 내가 내일을 세울 수 있는 것은
세상을 밀고 가는 수레 안에 어머니의
염불소리가 들려오기 때문이다.

풍각 장날

오일장 무리 속에 낯선 장바구니 끼어든다
저마다 다른 소리들이 구성지게 몰려드는 날
누런 호박만큼이나 펑퍼짐한 아주머니 엉덩이
바쁠 것 없다는 듯 너스레 떨고 있고

도라지 더덕 취나물 다래순 말린 것
할머니 무릎 앞에 일렬로 차렷 하고 섰다
씨알 굵은 사투리 퍼부어 대며 팔자걸음으로
억척스럽게 밀고 가는, 손수레 안의 생선들
팔딱이던 지난날 생각하고 있는지

요량도 없이
큰 뚝배기에 꾹꾹 눌러 담은
뜨거운 국밥 한 그릇, 막걸리 한 사발
얼었던 근육 풀어지며
구성지게 뽑아대는 신고산 타령

꼬랑지만 남은 초겨울 햇살
묵직한 내 장바구니 한켠의 붕어빵들
저희들끼리 오순도순 다정스레 안겨든다.

거울 앞에서

재잘거리는 소리 들리는데
교실은 텅 비어 있고
깨알 같은 글씨 가득한데
칠판엔 아무것도 없다

지난 시간들이 줄달음쳐 와
내 코앞에 서 있는데도
다섯 손가락 사이로 빠져나가는
그것들 붙잡지 못한다

어둠 속에 한 줄기 지친 불빛이
마취에서 깨어나듯
슬픈 발자국 수런수런 일어설 때마다
앞마당에 서 있는 백양나무
바로 쳐다보지 못한다

아직도 긴 파장의 길들이
맥박소리로 뛰고 있다.

해변의 누드사진

물너울 타고 오는 물새들 끼룩끼룩
파도 난간에 기대어
평평 셔터를 눌러대네요

이쪽저쪽 분주한 갈매기 떼
바위 위에서 수음을 하고
뿌연 정액 풀어놓네요

살랑살랑 옷 벗기네요
벗어 버린 모래사장에
광폭한 팔뚝들이 굴러다녀요

하나 둘 셋 누군가 등 뒤에서
자꾸만 찍어대고 있어요
내 몸에선 물비린내, 꽃잎의 비린내가 나고요

불륜의 여름은 사생아 같은 꽃들만 피우고
수평선 멀리 멀리 도망치네요.

가을 숲에 들어서다

새소리 너무 깊어
무덤처럼 쌓인 표정들
겹겹 울고 있네

적막한 나무 아래
구름은 점점 내려앉아
갈꽃 여름꽃 시린 등을 덮네

최후의 몸짓으로 팔랑거리는 잎새들
언젠가는 떠나야 할 아픈 속 쓰림
견뎌내고 있네

바람과 바람 사이 누비던
나비 시체 위로
햇솜 이불을 덮네

햇솜 누비 햇살 포근히 내리는 저녁
나도 가을 숲 되네.

개도 비옷을 입는다

개가 비옷을 입고 뒤뚱거리며
여인 앞을 걸어간다
발에는 목 짧은 양말
말발굽인 양 토닥거린다
목줄에 빗방울 거꾸로 매달려
은방울인 양 달랑거린다

개가 비옷을 입고 껄껄 웃는다
여인의 목걸이로 치장한
번쩍이는 목을 뽐내며
하녀인 듯 여인을 끌고 간다

뒤통수에서 꼬리가 튀어나오듯
꼬리가 머리 속에 구겨 박히듯
세상을 향한 끝없는 물음표가
가슴을 친다

길 잃은 음표, 미끄러지는 빗물 따라
나도 뒤뚱거리며 걷는다.

목련 橙

언제부터 그 자리에 화들짝 웃고 있었나요
뿌우연 황사바람 개망초 죽은 대공 끌어안고
흰 누더기 군데군데 덮고 누운 노오란 충복들
얼굴조차 내밀지 못하고 있는데
우표 한 장 붙이지 못한 봄소식을
이렇게 빨리 전해 주고 있네요

종가집 마님 한 많은 사연 가슴에 품고
긴긴 겨울 어떻게 참고 견디었을까요
오랜 세월 하얗게 날 세워
앙 다문 저 입과 가슴 기억할지니
비우고 비워낸 마음
가지마다 수많은 橙 달고
사르륵 사르륵
초록 신부 맞으러 오고 있네요.

고 경 자

바람이 놀다간 자리

진주

도톰보 거리

오리나무 숲에서

새 아침에는

능소화는 바람에 날리고

봄의 서정

호 해원(海洹). 제주 출생. 문학시대로 등단.

한국문인협회 회원. 영재선교원 유치원장.

시낭송가, 시낭송지도자. 시대시 동인.

시집 [채색의 구름등] 등.

공저 [별의 노래 풀꽃의 시], [아스라이 먼 세월] 등.

바람이 놀다간 자리

소쩍새가 울면
풍년이 온다더니
무슨 일로
하늘 문을 열어놓았을까

삼밭은 쑥대밭이 되고
논두렁엔
물먹어 휘청이는 벼 이삭
수박 줄 채 그을 틈 없이 잠들고
여름을 사랑하던 자작나무
허연 발목을 드러낸 채
울음을 삼킨다

평생의 꿈 이루지 못한 허탈
다시는 돌아보고 싶지 않는 인삼밭

햇살이 빈 들판을 지키며
바람은 벼 이삭을 세우고 있는 여름 한나절.

진주

바다는
언제나 파도 자락으로
나를 잠재우고

깊은 곳에선
나의 순백을 야위게 한다

사랑하는 이를 두고
떠난 사람들의 넋이
붉은 노을로 오던 밤
오작교에 꿈길을 펼치고

산호초 일렁이는 바위틈에선
영롱한 은빛이 영글어갈 무렵

그와 맺은 약속
아름다운 만남
시작이 되던 것을.

도톰보 거리

거리에 나선 나를
네온은 빙글거리며
돌아가는 관람열차로 날 유혹한다

저 불빛들이 활기에 넘쳐
사람들을 불러내
오사카 도톰보 거리는 분주하다

향 좋은 나무다리 위로
사람들은 술렁대는 파도를 타고

물빛에 어린 안개 속의
꿈자리를 맴돌면

이곳에서 환자를 돌보셨던
내 아버지의 마지막 숨결이
작은 연못으로 고여 와
더욱 그리움을 애타게 한다

나는 꿈꾸며
바람처럼 한 줌 날리는 비를 맞고
눈물겨운 기억들에 가슴을 적신다.

오리나무 숲에서

속리산 오리나무 숲
전망대 가는 그 길목
바람에 밀려난 하얀 눈발
고랑에 아직도 남아
겨울 햇살의 눈부심 되고

둥지를 틀지 못한
작은 산새 한 마리
영혼의 하늘을 닮아간다

다시 찾은 이 숲
추억이 앉았던 그 자리에
아직도 푸른 꿈
영원한 울림으로 머물고

솔가리 향을 정수리에 담으면
그리운 이름은 가슴별이 되어
여울물에 흐르게 하네.

새 아침에는

경포대 뜬 젖은 달이
솔숲에 앉아
물빛보다 고운 시인의 마음을 머물게 한다

바다의 노래는
언제나 내 꿈을 영글게 하고
고운 새소리로 파도치게 하며
내 영혼을 투영시켜
해 초록처럼 푸르러지면

수평선을 뚫고 솟아오르는
해돋이 앞에서
내 마음 벅차
설유화가 눈처럼 내리고

바다는 꿈을 꾸었는지
하얀 파도가 밀물처럼 밀려들어
시린 밤 눈물의 언어를 모아
절망의 세월들을 쓸어 버리고

새 아침에는
재치 있는 세월이 먼저 와
환희의 문을 열고 있었네.

능소화는 바람에 날리고

기댈 곳만 있으면
하늘을 본다

구름이 새를 날리고
꽃잎 위에
바람이 앉아
꿈을 꾸는 밤

기수에 꽃잎을 달아
벼랑길을 달린다

아!
닿을 듯 닿지 않는 먼 길

영원을 향해
내딛을 땅

자꾸만
하늘을 닮고 싶네

하늘엔 별 왜 그리 많은지
오늘 따라 바람은 왜 이리 부는지……

봄의 서정

연록의 숨결이
눈뜨는 아침
뜨락이 환하다

침묵하다 토해내는
꽃 무리의 함성
채색 옷을 입고
환희의 찬가를 부를 때

꽃술에 젖은 내 마음
연분홍 꽃이 피면

소나무 숲
조각 뜰에
머무는 한낮은

시낭송과 고운 음색으로
아름다운 세상을 만들어가는 사람들의 이야기가
어느 봄날
물빛보다 고운 마음들이
하늘을 날며 수놓고 있었다.

이 하 정

안경을 쓰면

신호등 앞에서

가을 산

유년 시절

석류

손톱을 다듬으며

구름집

호 해은(海恩). 울산 출생.

문학시대로 등단. 시대시 동인.

공저 [별의 노래 풀꽃의 시] 등.

안경을 쓰면

끓어오르는 기포의 방울처럼
쌀 알갱이가 굵게 보인다
안경을 쓰면
그 방울도 보인다

평시에 보이지 않던 것도
저렇게 잘 보이는 것을
우리들의 삶도
안경을 쓴 것처럼
잘 보였으면

한 줌의 쌀과 넉넉한 물 속에
잘 조절된 불의 조화
한 그릇의 죽이 되는 것을

아— 그렇게 사는 것이
우리들의 삶이구나
보이지 않아도 살 수 있는 삶

내가 갈 수 있는 길이
안경 쓴 길이라면
더욱 좋았을 것을……

신호등 앞에서

빠른 걸음으로
예까지 왔다
문득 서고 보니
신호등 앞

건너야……
서야 할까
망설여지는데

돌아보지 않은 삶
오가는 사람들 틈에
무슨 생각하며
어떤 마음으로 살았을까

신호등 앞에서
기다림을 배운다.

가을 산

정상에서 본
산하는 온통 가을빛이다

구름 단풍 산야를 불태우고
산도 구름처럼 떠도는 길이 된다

사다리 놓는 구름 사랑은
가을 속의 청아함으로 앉고

우리들의 마음 붉게 물들면
떨어지는 낙엽, 또 가을을 보낸다

낙엽을 밟으며 가을 속을 거닐고
영글어가는 마음 저 만큼에서
불러 보는 이름, 가을 산

너의 그 이름처럼
내 마음도 가을 산
붉게 물들고 있다.

유년 시절

키 작은 시절
모래톱 위에 뚫려 있는
작은 구멍 속으로
조개잡이 떠난다

입 다무는 조개에
손가락 물리면
파도야 살려다오
외쳐대면서

저문 들녘
빠져나온 썰물 따라
조개 반 돌 반 부대에 담고
집으로 향하는 그 길

문득, 펼쳐지는 추억의 편린들
끝없이 따라가 보면
어린 날의 수평선 너머엔
조개잡이는 간데없고
따스한 그날의 기억들만 서 있네.

석류

노을빛
환한 웃음으로
맞이하는 홍보석

시리도록 그리운
말간 젖빛
토하는 세월의 울음

뒤꼍에서 이우는
수런거림 속에
하루를 멀다 하고
보내야 하는
이별 같은 사랑

그리움으로
열지 못하는
석류와 같이.

손톱을 다듬으며

어느새 자랐는지
길어진 손톱
소리 없이 내리는 번민
손톱을 자르듯 깎을 수 있다면

자를 수 있을까
살갗 닿는 부분까지 들이민다

소리내며 떨어져 나갈 때
내 아픔도 떨어내고
시작하는 마음으로
손톱을 다듬는다

곱게 갈아내는
손톱의 크기만큼
내 삶도 아름답기를

손톱을 다듬으며
내 사랑도 키워가고

쉴 새 없이 손톱이 자라듯
내게도 열정과 용기가 있었으면 좋겠다.

구름집

바다 위에 그려진
구름집
밴쿠버 BC훼리호에서 본
그 집은 석양을 등지고

바람이 불면 부는 대로
항해하는 길

여기서는 작은 집이다가
저기서는 까만 집을 만든다

바람 따라 지어지는
한 마리 고래 같은
즐거운 집을 짓는
구름 형제들

우리나라 지도를 그리다가
아기 곰이 장난치는
아름다운 구름집

햇살 받은 바다에서
그려내는 미술가는
저 하늘 속으로 여행한다.

오 문 옥

동천(東天)

봄 콘서트(Spring concert)

동그라미 수평선

시인의 바다

매화골

봄에게

하얀 백지 위에

호 동천(東天). 서울 출생.

연세대학교 경영대학원 졸업. 문학시대로 등단.

한국시낭송가협회, 한국신문예문학회 부회장.

한국육필시 이사, 한국문인협회 회원.

동천(東天)아

소리
파랗구나

구름
걷어내며

언어에 날개 단
시인

맑은 영혼 펼치며
초록 꿈 향해
하늘을 연다

저 동녘 불끈 해 솟는
새 아침을.

봄 콘서트(Spring concert)

봄을 먹는 밤
박수를 먹는 밤
새봄이 내려앉은 신비로운 무대
마음 퉁기는 클래식 기타
가슴 저미는 대금 소리
한 마리 꾀꼬리 날아든 카운터 테너
아름다운 진달래빛
요정들의 낯익은 선율
온통 꽃밭 황홀한 무릉도원
우리 일류의 무대도
이렇게 행복한 숨결이었으면……

* 서정이 흐르는 음악회에서(2006. 3. 23.)

동그라미 수평선

바다로 나가 보면
수평선은 일직선이다

선을 따라 다시 제자리로 돌아오는
거대한 원
이미 한 점으로 된 나의 존재를 가둔다

나는 수평선 위에
결사적인 생존의 몸부림으로
우주 질서 깨우침인지

그래도 살아서
돌아가 할 말이 있다
'수평선은 원(圓)이다'
이 말 한 마디 얻어서 올 뿐이다.

시인의 바다

비바람 불던 날
너울에 떠밀린 찻집
낮은음자리표 선율 타고
표류하는 똑딱선이다

커피 향에
내 온몸 맡기고
소용돌이치는 저 바다 향해
잔을 높이 들 때

폭풍 아랑곳 하지 않고
찰싹 달라붙은 바위의 따개비들
내 가슴 피어나는 꽃이었다
하얀 소금꽃

성애 낀 창문마다
손가락으로
이제는 위로도 되지 않는
이름들
나 시로 쓴다

매화골

여린 잎 얼굴 부비고
바람도 꽃잎 물들어
안개비에 가지마다
가슴 맺힌 빗방울
화개사 대나무 숲 푸른 물결

매화골 우리들의 만남
언제 숨겨 두었던가 매화꽃 망울 속에
우리가 까르륵 까르륵 웃는 소리에
꽃망울 하나씩 하나씩 터지는 소리로
섬진 강물 출렁출렁
매화꽃 봄을 이고
서울로 왔네.

봄에게

봄이 핀다
산길에

오솔길 업고
낙엽 깔린 언덕 밀치고
못다 핀 꽃이 핀다

연둣빛 꿈
꽃잎에 눈 맞추고
정(情) 한쪽 두고 걷는다.

하얀 백지 위에

나 백지 위에 마음 담는 것은
아름답고 진실하게 살고 싶어서다
내가 가슴이 터지도록 시를 쓰고 싶은 것은
내 서러움을 폭발하고 싶어서일까
숨 막히는
제각기의 이기심에 지쳐 버린 것일까

보고 싶은 사람들
가고 싶은 산천
푸른 하늘
밤하늘 초승달
촘촘히 깔려 있는 별
다 가슴 속에 안고 싶다
오늘도
마음 그리는 시를 쓴다.

이 용 미

시낭송가, 시낭송지도자.
한국시낭송가협회 회원.
한국시낭송가합창단 부단장.

노을빛

타고 있는 것이리라
한 모금의 물이면
다 맑아지는 것을

가슴 시릴 땐
그대의 움직임
찬 서리 걷어 올리고
봄빛에 물든다

만나면 낮은 자리에
어우러지는 따끈함
기쁨까지 살랑인다

볼수록 마음 깊이 자리 잡고
싱그런 풀 내음 피어 올리는
그대여

물들인 노을빛 하늘에
나는 흰 구름 되어
비단 수를 놓으리라.

여행

흡스골이라는
몽골의 알프스
초원의 땅에서는
호수도 바다처럼 펼쳐진다

물살에 깎인 얼음은
꽃동산을 이루며
둥둥 떠다니기도 한다
자연의 만남은 바로 감동 그것이다

지천으로 깔린 야생화
도저히 밟을 수는 없어
이리저리 뛰어도 본다

세찬 바람에 더는 자라지 못해
그들의 지경이 이토록 넓어졌나 보다

'협력하여 선을 이루라' 하심
탓하던 그 어리석음을
오늘은 접어 두기로 한다.

가을 앞에서

누구신가요
따가운 햇살 눈부셔
닫았던 문으로
하늬바람 새어드는데

푸르름은 익어
포도밭 되고
음유 시인의 노래도 짙어
한껏 기쁨은 자라 오르는데

하늘 높이 마음 띄우는
영상의 편지
그건 나의
농익은 열매

가을 속으로 뛰어들고픈
뜨거운 내 삶
거둬들이는 낱알처럼
그렇게 깊은 가을이고 싶다.

꽃샘바람

당신 소식 들려오는 이삼월에
나는 겨울을 본다

눈뜨려던 저 나뭇가지
꼭 입 다물고 서 있고

봄맞이하기가 이리도 힘드는가
봄바람은 땅 속 씨앗을
일으키는데
칼바람이 시샘을 하는구나

내 겨울님
그댈 몰아내려는 것이 아니라
얼었던 손 감싸 쥐고 싶은 마음입니다

귀를 대어 보십시오
그댈 만나고 싶어하는
저 꽃들의
함성을……

문학의 물결을 넘어

시를 사랑하는 음률에
포천 들녘의 잔디는 깨어나고
나무들은 옷을 갈아입는다

팔각정 바람의 기쁨
감성 어린 시어들도 물결 이뤄 출렁이고

'백양의 빛' 을 담은 그대들
고동치는 숨결이
붉은 꽃잎과 같도다

넓은 들판이 달려갈 길이며
산이 높다 한들
오르면 안 될 일 없이
남풍이 불어오는 그 언덕에 올라

오늘을 사랑할 일
그 사랑 안에 많은 말을 찾아
문학의 집을 지을 그대들
참으로 아름답습니다.

너를 생각하면

벼랑 끝에 서 있어도
마음에 꽃을 피우고
아름답게 빛날 수 있기를 나는 바랐다

언제라도
어떠냐 물으면
괜찮아 고마워
우리 사이
그런 사랑이었으면 했다

한여름의 소낙비
한창 쏟아 부을 때
가까이 있질 못했으나

그러나
네 심장이 뛰는 소리
늘 내 귀에 있어
난 너와 더불어 있단다.

은빛의 날개

겨울이 물러가고 있다
시야가 흐려지듯
멀리서 움직이는 초침들이 보인다

잔설이 남아
은물결 이루며
활짝 귀를 여는데

비발디의 플루트 협주곡은
바다의 폭풍이 이는지
내 마음은 더욱 가난해진다

몇 번이고
바다 위를 날아오르며
역동적인 풍랑의 음률을 보내는
은빛의 날개들

구름 한 점 없는 하늘에
날개가 날 듯
그 빛이 나를 세운다.

김 영 자

무상

삶의 의미

봄날

세월

동창회 가던 날

어머니

그리움

경북 경주 출생.

문학공간으로 등단.

시낭송가, 한국시낭송가협회 회원.

무상

황홀한 한 송이 꽃보다
초록 잎이 더 아름다운 것은
언제부터였을까?

퇴색된 낙엽 한 장을
소중히 남기다가
새싹들의 여린 노래에
귀 기울이게 된 것은
또 언제부터였을까?

이제는
꿈꾸어지는 내일보다도
뒤돌아봄이 더 즐거워지는 지금

삶을 이고 온 무게만큼이나
성숙된 시간의 흐름

더 타오르지도 꺼지지도 않는
삶의 불씨는
내 유일한 가슴앓이.

삶의 의미

하루를 접어 머리맡에 두고
별을 헤려고 눈 감은 시간
하나 가득하던 일상의 행복이
갑자기 휑하니 비어 있구나

한 점,
내가 딛고 선 자리마저 어딘지 찾을 수 없는
무한의 공간
앞도 뒤도 볼 수 없는 허공 속으로
두 손 휘저어 본다

잡힐 듯한 삶의 조각들은
먼 별빛으로 흐르고

찬바람만 스민다

앞을 향해 뛰던
내 삶의 전부가 정지된 시간
차곡차곡 쌓아온 생의 무게는
어디쯤 묻혀 있을까?

이 밤
내일이 있다는 기대로
지난날들을 돌려세워
등 떠밀며 가고 싶다.

봄날

오후
길게 누운 햇살은
그리움과 등을 맞대고 있다

닫힌 가슴 흔들어
크게 한 번 심호흡하니
하얀 꽃눈들이 팔랑이며
황홀한 축제의 시작을 알린다

개나리, 진달래, 목련, 벚꽃들은
봄을 입고 나온 관객들과
어우러져 춤을 추고
날마다 달라지는 초록빛 무대는
설레임의 절정

나는 누구인지
내가 있는 곳은 어딘지
잊고 싶은 봄날

꽃 속에 누운 하루해를
더 길게 잡아당기며
기억되지 않는
그대 눈빛 속에 나는 있고 싶다
코끝 아린
삶의 향기를 마시고 싶다.

세월

세월의 흔적을
가을 문턱에 걸쳐놓고
일요일 오후,
오수를 즐기는 그를 본다

지난 여름날
대지를 불태우던 열기
그 젊은 날의 패기는 어디로 갔을까?

반쪽이 합하여 하나 됨을
터득하지 못한 채
그냥
혼자서 하나인 양
너무 먼 길 와 버렸다

문득
어깨 위에 얹힌 외로움에 가슴이 에인다

이제라도 남은 생은
하나로 포개어 살아 봐야지.

동창회 가던 날

KTX 속도만큼이나 빠른 세월을
거꾸로 달리고 있다

동악산 조그만 산자락 동네
동해 바다의 앞섶 자락
태산 같은 산들은 어디로 갔을까?

희미한 기억들을
한 광주리 담아 안고
작은 꼬맹이 친구들을 보러 갔다
이름 따로……
기억 따로……
혼란스러운 시간 앞에서
나만 꼬맹이로 남아 있는가?

화들짝 놀라
40년 강을 훌쩍 건너 뛰어
나도
그들 옆에 키를 맞추고 섰다.

어머니

깊이를 가늠할 수 없는
아득한 슬픔 속에서
어머니!
오늘 밤도
당신을 기억하며 허둥댑니다

바쁘다는 핑계를 위안 삼고
그래도 늘
그 자리를 지켜주시리라 믿었던
어리석은 불효

당신 계셨던 빈자리에
계절은 봄을 업고 왔지만
응어리진 가슴 속 멍울은
더 단단하게 계절을 비켜갑니다

어머니!
아침 해 반기며 대문 빗장 여시고
사면 벽에다 아들 딸 그리시며
마른 침 삼키시던 목마름

짧은 하루 해 원망하며
떨어지는 저녁 해 끝자락 잡고
열린 빗장 잠그시던 시린 마음

지금에야
당신의 마음 한 자락 부둥켜안고
목이 메입니다.

그리움

보내야 하는 계절의 끝에서
종일
아쉬움과 실랑이를 한다

반 발짝도 되돌아갈 수 없는 무능력
그냥—
앞을 향해 갈 수밖에 없는……

새로운 계절에 대한 설레임보다
보내는 계절의 아쉬움에 문을 열지 못한다

닫힌 문 앞에서
용케도 펴 올린 그리움 하나

기억의 저편에서
출렁이는 파도가
힘차게 나를 흔든다.

고 은 희

전남 무안 출생.

명지대학교 사회교육대학원 졸업.

한국문학예술로 등단.

한국시낭송가협회 회원.

테를지

—영혼의 여행

그곳에 있었다
영혼의 산, 바위들이
눈을 감고 명상에 잠겨
우주와 하나 된 신비가
내 손끝에 닿아
가슴을 울렸다

영혼은 잠시 육체를 놓고
바람으로 풀잎을 만나 과거로 가고
육체는 게르에 남아
까만 눈을 더듬어 비틀거릴 때

넓은 초원 위에
공기 되어 떠다니는
태초의 힘으로 인하여
내 영혼은 아네모네 꽃잎 속에
이름 석 자를 별처럼
새겨 넣고 뒤돌아왔다.

* 테를지 : 몽골의 수도인 울란바토르에서 북동쪽으로 약90Km 떨어진 국립공원이다. 이곳 바위산에는 사람의 얼굴이 있는데 이것을 발견하는 사람에게는 행운이 깃든다는 전설이 있다.

* 게르 : 몽골의 전통 가옥.

홉스골의 달

6월의 만월(滿月)은
늦은 밤
저 홀로 있다가
홉스골로 내려와
목욕을 한다

어서 가자
길도 없이
이깔나무 사이를 지나
잠시 벗어둔
달빛을 가지러 나는 간다

나무꾼처럼 나는
달빛을 돌려주지 않으리라.

* 홉스골 호수 : 몽골의 스위스로 불리는 세계에서 손꼽히는 청정호수이다. 길이가 200km 이상이고, 평균 폭도 40km가량 되며 가장 깊은 수심은 262m나 된다. 크기는 경상도 정도이며, 자연림과 호수와 늪지대를 겸비한 곳이다.

에델바이스의 노래

홉스골 안에는
하늘이 있고
하늘 안에는 어제 처음 만난
에델바이스가 있었다
에델바이스 에에델바이스를 부르는
노래가 물 위를 돌아
긴 여운을 만들고 내 눈은
슬픔의 돛이 되어
그를 따라
긴 여운을 따라
호수에 잠긴다
문득 노래가 호수에 잠긴 맑은 눈을 건져
작은 꽃잎 위에 올린다
꽃잎이 젖는다
아득한 절벽엔 파란 전설이 걸려 있고
젖은 꽃잎은
외길 에진강을 따라
바이칼로 가고 있다
아득한 절벽에 걸린 상사(相思)의
전설을 전하러
내 몸을 떠난 눈
작은 개미 한 마리 전령으로 업혀 간다.

* 에진강 : 홉스골 호수는 96개의 크고 작은 강과 내들이 모여들어 호수를 이루지만 출구는 에진강이 유일하다. 홉스골의 물은 에진강을 따라 바이칼호로 흘러 들어간다.

신기루 같이 펴졌다 모이는 초원

겨울 산
까만 밤 하얗게 도배장판 새로 하면
꽃들은 나무에서 신혼을 즐기고
골마다 은밀한 눈빛으로 추위를 몰아내듯
산 곳곳이
풀꽃 살아나
신기루 같이 펴졌다 모이는
그 작은 길로
먼지 날리는
자동차가 그림처럼 혼자 가고
말들은 친구를 불러 모아
가난을 이기는 몽골의 초원.

바오밥나무가 되다

태양이 눈의
망막을 뚫고 내 안으로
들어왔다
전생(前生)의 혈(血)을 침범하고
쌓여 있는 체지방 사이를 지나
손끝과 발끝, 머리끝까지 펴지는 순간
나는 작은 별의
바오밥나무가 되었다.

그는 물방울

그는 물방울 같아
수정처럼 손에
놓고 들여다보면
지구상에서 가장 맑고
깊은 시베리아 속
바이칼 호수가 들어 있는

그는 물방울 같아
입이 쩌억 갈라지는
목마른 사슴의 식도를 타고
일렬로 행진하며
갈증을 씻어내는

어쩌면 빛에 녹아
별이 된 줄 알았는데
펄떡이는 심장 한가운데로
구멍을 뚫고 들어와
내 영혼까지 흡수해 버린
그는 물방울.

* 바이칼 호수 : 러시아에 있는 초승달 모양의 호수.

황사

중국에서 건너온
붉은 알갱이들이 허공에 갇혀 있다
구름을 밀어내고
태양을 밀어내고
심지어 산소도 밀어내 버린
습하고 텁텁한 하늘에서
세균을 낳아 기르고 있다
스멀스멀 얼굴에 반점을 지어놓고
폐 깊은 곳
돗자리 깔고 앉아
숨 한 자락 틀어쥐고
장난을 친다

콜록, 작은 것들이 떼거지로 모여
큰 것을 무너뜨리려 한다

어떻게 할 수가 없다.

신 현 운

경기도 가평 출생. 월간문학으로 등단.

시집 [이별이란 보내는 것도 보내지는 것도 아닌 그대로 가슴 무너지는 전부일 뿐입니다], [입 큰 물고기](4인 시집), [기억하라, 사랑하는 이가 있다는 것을] 등

산문집 [미래를 여는 지혜 1, 2], [당신을 사랑합니다] 등.

한국문인협회, 국제펜클럽 한국본부 회원.

인연(因緣)

바람이 아무리 큰소리로 분다 해도
그 바람은 소리를 남기지 않습니다

장맛비가 아무리 낮밤 없이 내린다 해도
그 비는 하늘을 적시지 못합니다

새들이 아무리 하늘을 날아다닌다 해도
그 새들은 호수에 그림자를 남기지 않습니다

별들이 아무리 밝게 빛난다 해도
그 별들은 아침까지 밝히지 못합니다

산이 아무리 높다 해도
그 산은 구름을 안지 못합니다

바다가 아무리 넓다 해도
그 바다는 하늘을 다 담지 못합니다

아무리 사랑한다 해도.

사랑

강물이 아무리 급하게 흘러간다 해도
달은 떠내려가지 않습니다

밤하늘이 아무리 검다 해도
별들은 빛을 잃지 않습니다

숲이 아무리 낙엽으로 진다 해도
새들은 숲을 떠나지 않습니다

놀이 아무리 아름답다 해도
구름이 없으면 물들이지 못합니다

한여름의 소나기가 아무리 쏟아진다 해도
무더위가 없었다면 시원하지 못합니다

시간이 아무리 흘러간다 해도, 이렇듯
내 마음은 어찌하지 못하나 봅니다.

홉스골 가는 길

홉스골 가는 오후
끈질긴 6월의 더운 바람에
내 그리움을 바람에 실려놓고는
그 사람 얼굴을 그려봅니다

어제를 다시 달리듯
몽골 하늘 높이에다
그 얼굴을 올려놓고는
그 사람 이름을 불러봅니다

그렇게 도착한 그곳엔
나보다 먼저 온 저녁 해가 무슨 사연처럼
그 이름을 곁으로 겹쳐놓고는
벌써 붉은 물을 들입니다.

* 홉스골 호수 : 몽골의 스위스로 불리는 세계에서 손꼽히는 청정호수이다. 길이가 200km 이상이고, 평균 폭도 40km가량 되며 가장 깊은 수심은 262m나 된다. 크기는 경상도 정도이며, 자연림과 호수와 늪지대를 겸비한 곳이다.

슬픈 일

—홉스골 하늘과 호수는 푸른빛을 닮아 있었다 1

세상에서 가장 슬픈 일은
사랑하는 사람을 닮고만 사는 것인가 봅니다

손을 내밀어도 잡을 수 없고
바라보면서도 눈 맞출 수 없고
온몸으로 감싸 안아도 하나 될 수 없는
두고두고 눈물만 흘려야 하는
이룰 수 없는 사랑

세상에서 가장 슬픈 일은
사랑하는 사람을 닮고만 사는 것인가 봅니다.

보내 놓고

—홉스골 하늘과 호수는 푸른빛을 닮아 있었다 2

이렇게 시리도록 아플 줄 알았으면
너를 그냥 떠나보내지는 않았을 것이다

이렇게 아프도록 울음 울 줄 알았으면
너를 그냥 가라 하지는 않았을 것이다

이렇게 울음 울며 몸부림 칠 줄 알았으면
너를 그냥 뒤돌아서게 하지는 않았을 것이다

이렇게 몸부림치며 숨쉴 수 없을 줄 알았으면
너를 그냥 하늘 저 멀리로 보내지는 않았을 것이다

보내놓고 이대로 주저앉아
널 닮은 호수가 되었다, 푸른 멍이 든 채.

사랑

—홉스골 호수

홉스골 호수에는
물이 없었습니다
홉스골 호수에는
하늘만 있었습니다
그 호수에 돌을 던지면
하늘이 흔들립니다

내 안에는
내가 없었습니다
내 안에는
당신만 있었습니다
내 안에 꿈을 던지면
당신이 하늘처럼 흔들립니다

호수는 하늘을 떠나고 싶어도
떠날 수가 없었습니다
나는 당신을 떠나고 싶어도
떠날 수가 없었습니다.

이유

—테를지에서

햇살이 아름다운 건
그늘이 있기 때문입니다

초원이 아름다운 건
풀잎이 있기 때문입니다

숲이 아름다운 건
새들이 있기 때문입니다

놀이 아름다운 건
구름이 있기 때문입니다

별들이 아름다운 건
밤하늘이 있기 때문입니다

내가 살아갈 수 있는 건
당신이 있기 때문입니다.

* 테를지 : 몽골의 국립공원. 초원과 산, 강과 나무와 암석들이 아름답게 조화를 이루는 곳으로 특히 끝없이 펼쳐지는 초원이 인상적이며 들꽃 중에는 에델바이스, 아네모네 등이 지천으로 널려 있다. 울란바토르에서 북동쪽으로 약90km쯤 위치하고 있다.

함 운 옥

거울 속 친구

낙엽

이제야 알겠어요

흐르는 달빛

언젠가는

동행할 수 없는 여행지

겨울 바다

경기도 광주 출생.

문학시대로 등단.

논술지도교사, 한국시낭송가협회 회원.

거울 속 친구

좋은 꿈꾸셨어요?
아침 인사로 반기는 친구

늘어나는 주름도
아름다운 삶의 흔적이라며
노을처럼 다가와
속삭여 주네

무엇을 입을까?
외출 준비할 때
귀 열어 많이 듣고
말은 적게 하라며
봄비로 적셔놓고
웃으며 돌아서네

너 없으면
외로울 거야

외로울 때면
맞고 젖어 보는
봄비.

낙엽

가물거리는 아지랑이
꿈꾸며 봄을 보내고

이상과 꿈
가지로 그네 태워
파랑새로 날려 보낸
여름날의 비상과

이제는 돌아와
날개 접고
바람이나 벗하는
낙엽

낙엽 속엔
삶으로 그린
한 편의 시가 있다.

이제야 알겠어요

뒹굴며, 깎이는
조약돌의 아픔이
흐르는 시냇물의
아름다운 노래이며

겨울바람이 흔드는
세월 속에 자란 나무
바람의 시를 쓰는
종이를 만든다

어머니
싸리나무 회초리
인고 속에 달린 열매,

나를, 강한 어머니
내 딸을 또 어머니로
거룩한 사랑인 것을……

흐르는 달빛

멀리 눈 덮인 산 위에
달빛은 그리움을 깔아놓는다

달빛이 밀고 오는
향수의 강, 물 속으로
깊이 빠져 들고 있다

이런 날
누구라도 함께
차를 나누며
말 없는 이야기 나눌 수 있다면……

저 빛이
새벽 안개에 잠들 때까지
새우고 싶다

그리운 사람 있어
흐르는 그 빛
더욱 곱고나.

언젠가는

흰 구름에
마음 찍어
일기를 쓴다

언젠가는
이슬비로
마음 적시겠지.

동행할 수 없는 여행지

창 밖에 빗줄기
나를 싣고
잠수 여행을 한다

되돌아갈 수도
되돌려 받을 수도 없는
새로운 도시에 묻혀 버린 곳

그곳은 삶의 얼룩도
과거에 정화된
꿈의 세계

마음으로 거닐며 즐기는
혼자만의 여행지

바람에 실려
시에 실려

난 그곳을 자주 간다
나를 반겨주는 사람 있어.

겨울 바다

사색에 잠겨
침묵하는 겨울 바다

젊은 날의 꿈이
파도처럼 출렁이고
바다 보물만큼
가슴에 보물을 가졌어라

하늘색에 물든 바다 벽에
매일 다른 그림을 그리는
구름을 사랑하는 사람

태양을 밀어 올리는 바다
詩가 떠오른다

달과 별을 노래하며
파도 사이 우뚝 솟은 섬

고동을 울리고
빛을 주는 등대

겨울 바다.

정 선 영

서울 출생.
문학시대로 등단.
한국시낭송가협회, 백양문학회 회원.

봄맞이

산이 꿈틀댄다
처녀 가슴 솟듯
잔치집 지붕처럼

꽃샘바람에
겨울 사랑 보낸 듯
정갈한 모습

봄기운 놓칠랴
숨죽인 들판
바람도 비껴간다

생명을 잉태할 대지
예쁜 씨앗 품으려
봄빛 아래 웃고 있다

나도
이 봄과 만난다
사랑으로.

덕수궁 길에서

나뭇잎 사이로
햇살
추상화 그린
덕수궁 가로수길

스무 살
너와 나
걷고 있던 길

추억 속의 무지개

시간이 가도
가슴에 그려진 너는
영원한
우리의 스무 살 길.

나의 모델

―아버지를 그리며

당신은 나의 모델
어디까지 화를 내고 칭찬해야 하는지
제가 아는 것은
당신이 보여주신 것입니다

알려줄 것이 남았는데
먼저 가심에 아쉽고 그리웠습니다
삶에 겨워 잠시 잊었지만
당신은 안 계셔도
손자를 저와 키우고 계셨습니다

깨달은 지금
인정합니다
이제는 제가 보았던 당신에서
당신이라면 이럴 때
어떻게 했을까를 생각합니다

이렇게 이어지는 게 핏줄인가요

이젠 죽음이 두렵지 않습니다
저도 당신을 모시고
제 아이들과 영원이 살 테니까요.

거울을 보며

거울을 본다
고운 여인과 만나고 싶다

때론 구름에 사랑 실어
하늘을 날고

종이배에 마음 담아
바다에 안긴다

지워야 할 추억은
가을 잎처럼 사라지게 하는

자연의 일부로
세상과 함께 사는
그런 여인을 만나려 한다.

들꽃

오늘
누구와도 얘기하지 않았다

혼자 있는 시간
숨은 듯 곁에 있는 고요함

인정하지 않고
바쁜 척하며 즐기려 했다
그러나 결국엔 외로움

시간이 지날수록 커지는 상실감
마음을 비운다

벌판에 들꽃이
혼자인 내가 보였다

다시금 겸손해진 나는
너에게 말을 건넨다.

아네모네 들판에서

—몽골 테를지에서

하늘의 별
누운 아기별꽃 같은
아네모네

별을 셀 수 없듯이
꽃은
들판에 가득합니다

나의 연민도
헤아릴 수 없습니다

하늘에서 선택한
그곳에 핀
외로운 아름다움

오늘
당신이 보았기에
더 이상 슬프지 않답니다.

꿈을 꾸듯
—몽골 홉스골에서

푸른 잔디에 이슬은
보석처럼 빛나고
리듬 타고 노래하는 바람

풀 속 작은 꽃잎에도
사랑을 전하는
맑은 햇살

사이좋게 풀 뜯는
야크들의 언덕
그곳에 핀 민들레꽃

돌산이 부끄러운 듯
산을 가리는 구름 그림자

그곳에 있었다
낯설지 않았다

꿈을 꾸듯
내 고향.

임 공 빈

전남 나주 출생.
문학시대로 등단. 시낭송가.
한국시낭송가협회, 백양문학회 회원.

소녀의 꿈

네 눈은 호수
에르헬 물 위에
떠 있는 달

어느 연민으로
밤 지새우고
돌아올 아름다운
꿈을 꾸는 어린 사슴

무엇을 갈망하는
홉스골 소녀
가슴 저리는 잔물결
열두 살 꿈이 있었다.

* 에르헬 : 몽골 홉스골에 있는 호수 이름.

D데이

정해진 약속의 날 기념일
우리의 남은 시간까지
세어지고 있을 것이다

살아 있음은
새벽 풀잎 스치는 바람결
하루가 소중하다

흘러간 시간과
다가올 시간 사이엔
샛강이 흐르고
떠날 때 내딛은 걸음
돌아오는 걸음이 또 다른
세상에 닿을 수 있을는지……

하루가
여름날 번개처럼
지나간다
D데이를 향해서.

그리움

깊은 강
회오리인가
차라리 슬픔의 미학

누구도 무엇도
대신할 수 없는
원초적 외로움

손끝 한 번 못 스친
종잇장보다 얇은
가난한 사랑

오랜 시간
가슴 속 곰삭지 않는
무너지지 않을 집을 짓는다
그리움은……

흔적

밤에 내린 눈
한강 둔치
빛바랜 광목을 깔아놓았다
하얀 눈은 잊고 지낸
먼 향수의 빛깔

아무도 밟지 않은 눈밭에
선명한 발자국
무심히 지나온
내 삶의 흔적

성근 눈발 속
묻어둔 추억의 실루엣
풀어진 마음 주체 못해
찬바람에 던져놓고
소리치며 달려 본다
겨울바람에
젖은 뺨이 마른다.

시화호 방조제

손에 쥔
모래알 세듯
바닷물 밀려가고
넓은 갯벌

조개 줍는 아낙
삶의 무게
햇빛이 감싸준다

십이 킬로 방조제
자연을 거스른
문명의 이기인가

썰물
알 수 없는 모래 흔적
어느 화가의 추상화
멀리 작은 섬
갈매기 난다.

봄의 향연

봄
무언의 함성
솟은 꽃 대궁
쇼팽의 왈츠

길 멈춘 강물
걸음 내딛고
강둑의 새싹들
금방 세수한
아이 얼굴

태양은 강렬한 시선으로
밤새 덮었던 이불 안개
백칠십만 종의
엽록체 잠을 깨운다.

산골

조금은 낯선
산골 작은집
안개 속에
아침이 눈을 뜬다

아직까지 19세기 공존하고
가파른 밭뙈기
일곱 아들 키워낸
주름살 조뱅이 꽃

밭 메다 시장기 들면
지천으로 열린
열매 따먹던 맛
잊지 못해
거기 그렇게 산다네.

고 인 숙

전북 군산 출생.
시낭송가.
한국시낭송가협회 회원.

돌김

바다가 내게로 왔다

검푸른 갑사(甲紗) 두르고
자존심 내세워
물기 턴 마른 몸으로

세월을 건져 올린
또 하나의 몸부림이다

멈추어진 시간
뜨거운 화기로 순해지는 건
자아를 버리는 순례의 길.

세월

40여 년 행간 사이로
그리움이 흐른다

미국 뉴저지에서
삐비꽃을 꽂고 온 소녀
박꽃처럼 수줍다

출렁이는 파도
바람도 재우지 못하는 설레임
낮게, 낮게 퍼진다

석류처럼 터지는 추억
바람 앞에 붉어지는
노을을
세월이 삼키고 있다.

외출

차창으로 바라보는 봄 풍경이
수채화다

온몸의 진액 쏟아놓고
배꽃, 구릉 위를 덮고 있다

멀리서
참꽃 한 무더기
참았던 미소 터트린다

피할 수 없는
꽃들의 웃음, 멀리하지 못하고
부끄러운 속내 보이니
마음이 먼저 알았네

꽃들이 왜 웃는지……

시는 날개를 달고

살아서
춤추는 언어로
잠든 혼 일깨운다

소우주를 헤엄치는
언어의 지느러미가
호흡 있는 곳에 날개를 단다

한 알의 씨앗으로
흩날릴지라도
아지랑이로 피워 올려라

마른 가슴에 물꼬를 트는 일도
아픔이 치료되는 일도
평화의 소리로 내려앉는 것

살아 있다는 건
언어의 빛깔로 일어서는 것
너와 내가 손을 잡는 것이다.

가을 산

산이 익어간다

청신했던 날에 숨겨놓은
애틋한 마음 번져 오면
신열을 앓고 있는 산
열꽃이 뜨겁다

감출 수 없는
생의 갈림길에서
털어 버리고 가야 할 시간들
찾아와 나를 흔들면

불혹의 전선에서
자꾸만 뜨거워지는
군불 지핀 사추기.

기다림

성근 달 사이로
그대 떠난 빈자리
별빛 자욱하다

한주를 사이에 두고
오작교 만드는
견우와 직녀

연월이 지날수록
물살의 흐름 깊어진다

산다는 건
곧, 풀잎을 세우는 일

그리움은
꽃비 되어 흩날린다.

무제

하늘이 물길을 튼 날
담쟁이 바지랑대 타고 오른다

위태롭게 매달리는
생의 몸부림
멈추지 못하는
곡예사의 춤

골목이 흔들리고 있다.

박 상 경

어머니의 바다

화폭 세상

홉스골의 밤

꿈과 희망의 돛

태초의 자연

평화의 꽃

첫 눈 오는 밤

서울 출생.

성우, 시낭송가, 시낭송지도자.

한국시낭송가협회 회원.

어머니의 바다

누나는 나처럼 고생하지 말고
편히 있다 오셔…

이승의 숨결
하늘에 안겨 돌아가고

애달픈 그리움의 곡소리
풍랑에 휘감겨 돌아오네

밟히는 것 많아 눈감기 힘들었지
아침에 전화라도 해 볼 것을
종일 마음이 바빠 가는 길도
못 봤구나…

천상의 이름
부르고 또 불러도
텅 빈 가슴
통한의 눈물

이 밤
평온을 소망하는
간절한 기도

당신 부를 때
꿈길 동행하시어
사랑으로 어머니
꼭 안아주시길.

화폭 세상

산수 절벽
소나무
구름 스쳐
하늘이 웃고

우수 경칩
폭포소리
욕심의 마음
씻어주네

백년의 세월
흙에서 자란
돌 탁자

머무는 이에게

베풀고, 비우고,
덕을 쌓으며
담백한 시선으로
인생을 보라고 한다

화폭 가득
봄의 정취
수묵 담채화.

홉스골의 밤

한국의 시인이
이 땅에 왔다!

별초원 향해
소리 높여 고하니

알파별 두베
베타별 메라크
감마별 페크다
델타별 메그레즈…
몽고별 관현악단

은빛 지휘봉 흔들며
환영의 아리랑 선율

시인을 위한 특별 무대
관현악단의 연주로
별무용단이 선보이는
'초원의 별 발레리나'

＊북두칠성의 별자리 이름
α 알파별 두베, β 베타별 메라크, γ 감마별 페크다, δ 델타별 메그레즈, ε 입실론별 알리오츠, ζ 제타별 미자르, η 이타별 알카이드.

꿈과 희망의 돛

해지고 쓸쓸한 하늘에
그윽한 미소로 달이 오르면
달빛 아래 경포해 무대
가슴 벅찬 감동의 춤사위

밀려오는 포말의 자태
마치, 긴 겨울잠에서 깨어나
하늘로 오르는 용의 자태처럼
휘몰아치다 서서히 감기는
깨끗하고 정갈한 살풀이처럼
처절하리만치 아름다워

나는 숨이 가빠지고
가슴이 미어지다
눈물이 나고
그러다 속 시원해
희망의 웃음 되찾는다

을유년
좌절과 두려움
모두 밀려 보내고
힘에 넘치는 저 푸른 바다에
꿈과 희망의 돛을 달아

또 한 번의 시작 위에 놓인
병술년의 앞날에
행복 가득한 순풍
염려해 본다.

태초의 자연

벅찬 감동
눈시울
태초의 자연 숨쉬는
푸른 청년 홉스골 호수여!

당신과의 첫 만남
프리지아빛 설레임
여인을 향한 그대의 고백

시인은 천사라지?
당신의 시향이
꽃밭 가득하구나

홉스골 낙원의
하늘, 호수, 나무, 들꽃이
한국의 비단언어로 수놓은
시옷 입어 더 청초해지리라.

평화의 꽃

하늘밭
구름 머금고 태어난 꽃씨
천년의 시간
별들의 사랑으로 자라
지상에 피어난 당신

당신의 음성
평화의 꽃잎을 피워
그 향기
온 누리 함께 나누리.

* 조수미 그녀에게 경의를 표하며.

첫 눈 오는 밤

하늘
별에게 입맞춤한 은빛 천사
대지에 소리 없이 내리네

이 밤 눈꽃의 축제
희망을 빛내고
풍년을 노래하니

이해에는
실패를 두려워하지 않는
별빛 희망
눈꽃 마음으로
소망의 결실 맺어

평온과
풍년의 삶
되게 하리라.

이 유 정

사랑니
늦은 만남
주문진에서는
길
수채화
꽃비 내린 날
시험에 들던 날

서울 출생.
시낭송가, 아동문학가, 독서논술지도사, 스피치지도사.
한국시낭송가협회, 한국아동문학연구회 회원.

사랑니

분명 내 것인데
다른 꿈을 꾸었다

단지 하나일 뿐인데
나는 광대였다

외로움 차오르는 강
욕심으로 넘쳤다

내 몸 아플 때마다
결별을 부르지만

가슴에서
비둘기 한 마리 날려 보낸 뒤
하심을 배웠다.

늦은 만남

모두 잠든 밤

마음 두지 않았던
시집 한 권 연다

본 적 없음에도
또렷이 적힌 내 이름

또 하나의 우주 위에
펼쳐진 신세계

보석 같은 시어들이
등불을 밝힌다.

주문진에서는

주문진 하늘에는
詩가 있다

갈매기 나는 포구엔
사랑도 만선

바다를 올려놓은 좌판

회 한 접시에
달빛 찰랑대는 소주잔

주문진에서는
사람도 詩가 된다.

길

새는 길을 내지 않고
물고기는 물을 가르지 않는데
나는 길 따라 걷는다

망설임의 길
발목이 시리도록 돌아온 길
문득 돌아보니 꽃이 지고 있다

외로운 여행에서
우연히 날아든 크낙새 한 마리
가슴에 품었다

달빛 덮고 이어지는
길들의 연가

하늘 숨소리 들리는 곳에서
길을 잃는 순간
난, 자유를 얻는다.

수채화

산이 더 가까이 왔다

수락봉이 구름 위로 솟은
청아한 산경(山景)

부부는 시간의 페달을 돌리고
아기는 세상을 아는 듯
웃는다

꽃대가 목을 뺀 산책로
그 길로 들어서면
사람은 풍경으로 남는다.

꽃비 내린 날

사월, 남산에서
꽃비를 맞았다

산굽이마다
벚나무에 핀 담소

봄마다
축전이었을 텐데…

나의 봄은
아직도
꽃망울을 열지 못한 불구였다

꽃비 맞으며 걷던 날

소녀의 고백은
하나 둘 홍안으로 피어나
만산으로 흘렀다.

시험에 들던 날

—시험에 들지 말게 하시고
기도했는데
시험을 치른다

소나기에
켜진 붉은 신호등

입력된 정보조차
질서가 없다

뜨거운 머리
흐린 시야
출력인들 제대로 될 리 없다

빗나간 화살
비애

—시험에 들지 말게 하시고
기도하고, 또다시
가파른 계단 앞에서
하늘을 올려다본다

시험에 들던 날.

이 희 선

어머님의 일기

비밀번호

내 마음

친정어머니

봄은

비 오는 날

남편의 발

경남 진주 출생.

시낭송가, 논술지도사.

한국시낭송가협회, 한국아동문학회 회원.

어머님의 일기

모두 잠든 밤
아픔으로 쓰시는
어머님의 일기

아들에게
매 들었던 게 마음에 걸려
남몰래…

내가
쓰기 싫은 일기를
어머님은 뭐가 그리
좋아 쓰실까?

말씀하신다
이다음 이 일기보다
더 귀한 것은 없다고.

비밀번호

그녀의 인터넷 비밀번호는
첫사랑의 전화번호

떠나간 사랑
돌아설 수 없는데

어쩌려고
잊지 못해

안타까운 사랑

그녀에게
새 비밀번호가
생겼으면 좋겠다.

내 마음

내가 중학교 삼 학년 때일 것이다
책갈피에 조심스레
꽂아 두었던 나뭇잎

이젠
빛바랜 낙엽처럼
내 마음 같아
쓸어 버린다.

친정어머니

어머니!
서른여섯 나이에
어린 자식들 두고
떠나야만 했던
당신 발걸음 얼마나 힘들었나요

막내는 과자를 먹으며
엄마를 애타게 불렀다

지금,
내 나이 서른여섯
하고 싶은 일 많고,
아직 생애에 집착하는 나이

내 마음 속 엄마는
언제나 서른여섯 젊은 엄마이다

친정어머니를
다른 어머니에게서 본다.

봄은

봄은
발레리나의 발끝처럼
내려앉는다

발레리나의 발을 보아라
발톱에 멍이 들고 찢어지고
예쁜 슈즈에 감춰진 발

가엾다!

봄은
이렇게
혹한 겨울을 견딘 후
오는 것이다

발레리나의 발처럼.

비 오는 날

비 오는 날 운동장
우산 없이 뛰어가는
아이의 뒷모습

'엄마가 없단다'

우산 꽃 속에서
외로이
얼마나 아팠을까

지금 창 밖에
비가 내린다
가야겠다
우산 없이 학교 간 아들에게

비 오는 날은
우산 없이 뛰어가던
그 아이가 생각난다.

남편의 발

결혼 십 년 만에
남편의 발을 씻겨주던 날

남자치고는 유난히 작은 발
새삼스럽고 쑥스럽기고 하다
십 년간 쉬는 날 없이
가족 위해 뛰었을 발
참 고맙기도 하고
미안하기도 하다

"당신 신발 몇 신어."
새삼 남편의 발 사이즈가 궁금해진다
내심 무관심에 미안해
목소리마저 떨린다.

| 후기 |

하늘에 떠가는 한 점 구름이
가슴에 들어와
행복으로 변하더라.

후백의 품에서
맑은 영혼 꿈꾸며
사랑의 향기를 전하는
백양문학 동인들

세 번째
별의 노래 풀꽃의 시
열매를 맺는 고운 사람들아
우리들의 마음에 등대 하나 세우면
구름의 흐름도 알 것만 같지.

세월이 흘러도
언제나 흐르는 강물처럼
사랑과 정이 넘치도록
가슴에 등불 켜고
사랑의 불 밝히자.

그리고 정송학 광진구청장님과 구의3동 김지호 동장님의 보살핌에 더욱 큰 감사와 고마움을 전한다. 아울러 구의3동 주민자치위원님들에게도 깊은 감사를 드린다.

2006년 9월
백양문학회 회장
김문중

백양문학회 동인 주소록

성 명	주 소	연락처
김문중	광진구 구의3동 589-10 대림아크로리버 B/602	011-730-3611
우재정	경기도 하남시 감북동 433-1	011-290-0005
안초운	광진구 능동 148-1	016-706-3343
황순남	광진구 군자동 349-15호 2층	011-9862-6766
한선향	대구시 수성구 지산동 보성A 106/901	019-508-4340
고경자	강남구 대치3동 1007-2 풍림아이온A 401/401	011-783-1659
이하정	광진구 중곡3동 683 광덕A 101/203	011-211-4352
오문옥	광진구 구의동 프라임A 7/2902	011-255-7707
이용미	광진구 노유2동 87-1 한강우성A 101/1210	010-8335-0408
김영자	송파구 오륜동 올림픽A 231/79	011-281-4471
고은희	강원도 명주시 명륜동 843-2 강원OA	010-8358-1797
신현운	광진구 자양2동 688-4 미성빌라 402호	016-287-5793
함운옥	광진구 자양1동 228-101	011-242-0777
정선영	광진구 구의3동 589-10 대림아크로리버 B/1504	018-217-8198
임공빈	광진구 중곡1동 253-8	018-336-4805
고인숙	경기도 안산시 단원구 고잔2동 674 501/504	010-3929-3329
박상경	관악구 신림1동 1610-1번지 601호	011-9728-1809
이유정	의정부시 호원1동 461 신일유토빌플러스 A 110/2203	016-743-4977
이희선	성동구 성수2가 1동 321-79 201호	016-474-3296